Réserve

Ye 3715

ÉPITRE
A VOLTAIRE,
SUIVIE
DES COTERIES.

Nous avons cru devoir compléter cette publication de l'ÉPÎTRE A VOLTAIRE, dans le format in-32, par une satire de M. Alexis Lagarde, que le public a déjà accueillie avec bienveillance. Nous ne pensons pas que la modestie du jeune auteur puisse s'effaroucher de l'espèce d'alliance que nous lui faisons contracter, sans son aveu, avec M.-J. Chénier. Notre intention n'a pas été d'établir une comparaison, ni même de la provoquer; mais de prouver que les vices et les ridicules que Chénier stigmatisait en si beaux vers, au lieu de disparaître, ont grandi, et qu'aujourd'hui la satire, pour atteindre les complices des obscures cabales que sa verve flétrissait, est obligée d'écarter l'habit brodé du fonctionnaire, ce qui, dans tous les temps, n'est pas sans péril.

IMPRIMERIE DE VICTOR CABUCHET,
rue du Bouloi, N° 4.

ÉPITRE A VOLTAIRE,

PAR M.-J. CHÉNIER;

suivie

DES COTERIES,

Satire,

PAR ALEXIS LAGARDE.

PARIS,
CHEZ LES MARCHANDS DE NOUVEAUTÉS.

1826.

ÉPITRE
A VOLTAIRE.

IMMORTEL écrivain, dont les brillans ouvrages
Enchantent les héros, les belles et les sages,
Qui sais par le plaisir captiver ton lecteur,
Effroi du sot crédule et du lâche imposteur,
Mais du bon sens, du goût, aimable et sûr arbitre,
Voltaire, en t'adressant ma véridique Épître,
J'aurai soin, pour raison, de ne pas l'envoyer
Devers le paradis dont Céphas est portier,
Lieu saint, mais ennuyeux, où les neuf chœurs des anges
Au maître du logis entonnant ses louanges,

De prologues sans fin lassent la Trinité,
Et chantent l'opéra durant l'éternité.
Rien n'est plus musical ; mais l'Élysée antique,
Malgré Châteaubriand, paraît plus poétique :
On s'y promène en paix sans flagorner les dieux ;
On y chante un peu moins, mais on y parle mieux,
Et c'est là que, du Temps bravant la course agile,
Entre Sophocle, Horace, Arioste et Virgile,
Tu jouis avec eux des honneurs consacrés
Aux talens bienfaiteurs qui nous ont éclairés.

D'un âge éblouissant tu vis la décadence :
Il expirait sans gloire aux jours de ton enfance;
Et Louis n'était plus cet heureux potentat
Qui de l'éclat des arts empruntait son éclat,
Quand Pascal et Boileau, par une habile étude,
Polissaient le langage encor timide et rude ;
Quand Molière, à grands traits flétrissant l'imposteur,
Créait la comédie et marquait sa hauteur ;
Quand, égal à Sophocle et vainqueur de Corneille,
Racine d'Athalie enfantait la merveille.
Tout avait disparu. L'écho de Port-Royal
Dès long-temps, mais en vain, redemandait Pascal ;
Corneille dans la tombe avait suivi Molière ;
Racine en courtisan terminait sa carrière ;
Et Boileau sans succès faisant des vers chrétiens,
Reste des grands talens, survivait même aux siens.

Heureux sous Luxembourg, sous Condé, sous Turenne,
Leurs soldats orphelins fuyaient devant Eugène ;
Au héros de Marsaille, éloigné par son roi,
On voyait dans les camps succéder Villeroi,
Favori de Louis plus que de la victoire,
Et grand à l'œil-de-bœuf, mais petit dans l'histoire.
Il est vrai toutefois que, le sabre à la main,
On savait convertir les enfans de Calvin ;
Mais des tribus en pleurs qui fuyaient leur patrie
Vingt peuples accueillaient l'hérétique industrie.
Chaque jour la Sorbonne admirait sur ses bancs
D'Ignace et d'Escobar les doctes partisans ;
Il faut bien l'avouer : mais la triple alliance
D'un règne ambitieux punissait l'insolence ;
Et dans Versailles même, au nom du peuple anglais,
Bolinbrocke à Louis venait dicter la paix.
　Un temps moins sérieux vit briller ta jeunesse :
S'amusant à Paris de la commune ivresse,
Plutus ôtait, rendait, retirait tour à tour
Ses dons capricieux et sa faveur d'un jour.
Le laquais enrichi, prompt à se méconnaître,
Se carrait dans l'hôtel qu'abandonnait son maître.
Et, de ce même hôtel le lendemain chassé,
Par son laquais d'hier s'y trouvait remplacé.
En soutane écarlate on voyait le scandale
Souiller de Fénélon la mitre épiscopale :

Plus de frein : le plaisir fut le cri de la cour ;
De quelque jansénisme on accusait l'amour ;
Et Philippe, entouré de cent beautés piquantes,
Semblait le dieu du Gange au milieu de Bacchantes.

 Mais couvert si long-temps du manteau de Louis,
Du moins après sa mort les bigots moins hardis
Avaient perdu le droit d'opprimer tout mérite :
A la ville on bernait leur emphase hypocrite ;
A la cour de Philippe ils n'avaient point d'accès.
Déjà vers le déclin du vieux sultan français,
Bayle, savant modeste et raisonneur caustique,
Tenait loin de Paris sa balance sceptique.
A pas lents quelquefois s'avançait à propos
Le normand Fontenelle, amoureux du repos,
Bel-esprit un peu fade, et sage un peu timide.
Montesquieu, plus profond, plus fin, plus intrépide,
Amenant parmi nous deux voyageurs persans,
Essaya sous leurs noms de venger le bon sens :
D'Usbec et de Rica les mordantes saillies,
Par la raison publique en naissant accueillies,
Couvraient les préjugés d'un ridicule heureux,
Et le Français malin s'aguerrissait contre eux.

 Tu parus. A ta voix, maint dévot sycophante
Tressaillit de colère, et surtout d'épouvante,
Soit lorsqu'en vers brillans, par Sophocle inspirés,
Tu déclarais la guerre aux charlatans sacrés ;

Soit quand tu célébrais sur la trompette épique
Ce Bourbon, roi loyal, mais douteux catholique.
Hélas! bien jeune encor tu connus les revers,
Et ta muse héroïque a chanté dans les fers.
Sortant du noir château qu'habitait l'esclavage,
Tu courus d'Albion visiter le rivage,
Et, par elle éclairé, tu revins sur nos bords
De sa philosophie apporter les trésors.
Cirey te vit long-temps, sous les yeux d'Émilie,
Te faire un avenir et préparer ta vie ;
De Locke et de Newton sonder les profondeurs ;
Soumettre la morale à tes vers enchanteurs ;
Ou, prenant tout à coup l'Arioste pour maître,
L'imiter, l'égaler, le surpasser peut-être.
Cet aimable mondain, qui vantait les plaisirs,
A l'austère Clio dévouait ses loisirs :
Aux mœurs des nations désormais consacrée
L'histoire n'était plus la gazette parée ;
Et de la Vérité le rigoureux flambeau
Des oppresseurs du monde éclairait le tombeau.
Ce n'était point assez : d'un ton plus énergique
Ta raison, s'élevant sur la scène tragique,
Du genre humain trompé retraçait les malheurs,
Et l'auditoire ému s'instruisait par des pleurs.
De ces nobles travaux quel était le salaire ?
Le même qu'obtenaient et Racine et Molière,

Quand leur gloire vivante importunait les yeux ;
Des succès contestés et beaucoup d'envieux.
A force de combattre une ligue ennemie,
Tu vins à cinquante ans en notre académie,
Siéger avec Danchet, Nivelle et Marivaux,
Que pour l'honneur du corps on nommait tes rivaux.
Tu vainquis cependant l'orgueilleuse ignorance ;
Desfontaines, Fréron, n'abusaient point la France.
Si du bon Loyola ces renégats pervers
D'Alzire et de Mérope outrageaient les beaux vers,
Tous les soirs le public en savourait les charmes,
Et sifflait des journaux réfutés par ses larmes.
Caressant des bigots le crédit oppresseur,
Dévotement jaloux, Crébillon le censeur,
Crébillon, dont le style indigna Melpomène,
A ton fier Mahomet voulait fermer la scène :
Mais bientôt d'Alembert, censeur moins timoré,
Opposait au scrupule un courage éclairé.
Contre un vieux cardinal quinteux et difficile
Tu soulevais un pape, au défaut d'un concile,
Et si, loin des beaux-arts, l'amant de Pompadour,
Soigneux de respecter l'étiquette de cour,
T'interdisait Versaille, où, portant sa livrée,
Dominait en rampant la bassesse titrée,
Frédéric à Berlin t'appelait près de lui,
Et l'égal d'un grand homme en devenait l'appui.

Là régnait chez un roi l'esprit philosophique,
Et l'empire à souper passait en république.
Frédéric oubliait de fastueux ennuis :
Tout riait à sa table, excepté Maupertuis.
Recherchant la faveur, craignant le ridicule,
Et cru, lorsqu'il flattait, par un prince incrédule,
Maupertuis de la cour exila les bons mots.
Eh ! qui ne connaît point la gravité des sots ?
Aux bons mots toutefois rarement elle échappe.
Médecin de l'esprit plus encor que du pape,
Tu conçus le projet de guérir un Lapon
Se croyant à la fois Fontenelle et Newton,
Bel-esprit géomètre, aspirant au génie,
Et grand calculateur en fait de calomnie.
Il t'avait offensé. N'en déplaise au pouvoir,
La défense est un droit, souvent même un devoir.
Tu fis bien de répondre, et mieux de disparaître,
En regrettant l'ami, mais en fuyant le maître.
   Loin de lui cependant que de fois tes regards
Ont suivi ce héros qui chérit tous les arts ;
Qui sur tant de périls fonda sa renommée ;
Qui forma, conduisit, ménagea son armée ;
Qui fut historien, philosophe, soldat ;
Qui t'écrivit en vers la veille d'un combat ;
Rima le beau serment de mourir avec gloire ;
Vécut, et pour rimer remporta la victoire ;

Appauvrit les Saxons, enrichit ses sujets ;
Fit toujours à propos et la guerre et la paix;
Aima sans l'estimer l'autorité suprême,
Et sourit sur le trône à la liberté même !

Ah ! cette liberté qui régnait dans ton cœur
Ne sait pas d'un coup d'œil attendre la faveur,
Et, du palais des rois hôtesse passagère,
N'y peut gêner long-temps son allure étrangère.
Elle rit de te voir apprenti courtisan,
Et te fit ses adieux quand tu fus chambellan.
Mais dégagé bientôt de tes liens gothiques,
Tu vins la retrouver sur les monts helvétiques.
Elle vit tout entière en ce chant inspiré
Qu'aux nymphes du Léman ta lyre a consacré.
O silence des bois ! solitude éloquente !
Sans appui, loin de vous, la pensée inconstante,
Au milieu du torrent des esprits agités,
Dans la pompe des cours, dans le bruit des cités,
Par un mélange impur s'affaiblit et s'altère;
Mais, prompte à dépouiller sa parure adultère,
Seule, dans les loisirs d'un champêtre séjour,
Elle croît et s'épure aux rayons d'un beau jour.
Qui sait aimer les champs ne peut rester esclave :
Égaré quelquefois dans le palais d'Octave,
C'est au sein des forêts que Virgile en repos
Se retrouvait poète, et chantait les héros ;

C'est là que Cicéron, libérateur de Rome,
Sur les devoirs humains écrivait en grand homme,
Peignait de l'amitié les soins religieux,
Et sur leur providence interrogeait les dieux.
   Les bords du Mincio, les rives du Fibrène,
Qu'aimait à célébrer l'urbanité romaine,
Ne l'emporteront pas dans la postérité
Sur le rivage heureux de ton lac argenté.
Remplissant de Ferney l'asile solitaire,
Ta gloire avait rendu chaque heure tributaire.
A des succès nombreux ajoutant des succès,
Et, pour mieux les instruire, amusant les Français,
Joignant à la raison la grâce et l'harmonie,
Tu planais sur le siècle où brilla ton génie.
Quel siècle! vainement un ramas d'écrivains
Ose lui prodiguer d'injurieux dédains;
Sans pouvoir éclairer leur aveugle ignorance,
L'éclat de son midi luit encor sur la France.
Montesquieu, dans ce siècle, osant juger les lois,
Des peuples asservis revendiqua les droits,
Du pouvoir absolu vengea l'espèce humaine,
Et fit rougir l'esclave en lui montrant sa chaîne.
Diderot, d'Alembert, contre les oppresseurs
Sous un libre étendard liguèrent les penseurs;
Et l'arbre de Bacon, bravant plus d'un orage,
Par degrés sur l'Europe étendit son ombrage.

Buffon de l'art d'écrire atteignit les hauteurs :
Prodiguant la richesse et l'éclat des couleurs,
Il peignit avec art la nature éternelle.
Moins paré, mais plus beau, mieux inspiré par elle,
D'après elle toujours voulant nous réformer,
En écrivant du cœur, Rousseau la fit aimer.
O Voltaire ! son nom n'a plus rien qui te blesse :
Un moment divisés par l'humaine faiblesse,
Vous recevez tous deux l'encens qui vous est dû ;
Réunis désormais, vous avez entendu,
Sur les rives du fleuve où la haine s'oublie,
La voix du genre humain qui vous réconcilie.

Que votre âge imposant a bien rempli son cours !
Quand, de l'expérience empruntant le secours,
Les sciences d'Hermès, d'Archimède et d'Euclide,
En des chemins frayés marchaient d'un pas rapide ;
Parmi de vains débris, écueil de nos aïeux,
Le génie imprimait ses pas audacieux ;
Des sens de la pensée il tentait l'analyse,
Et la nature humaine à l'homme était soumise.
On la chercha long-temps : dédaignant d'observer,
Descartes l'inventa ; Locke sut la trouver.
Condillac, après lui, d'une marche plus sûre,
Pénétrait plus avant dans cette route obscure.
Pour toi, des imposteurs ennemi déclaré,
Tu signalais partout le mensonge sacré ;

L'encensoir à la main, conquérant la puissance ;
Partout l'ambition, l'intérêt, la vengeance
Élevant tour à tour sur un tréteau divin
Moïse et Mahomet, Céphas et Jean Calvin.
Bayle en des rets subtils enveloppa sans peine
Des pieux ergoteurs la logique incertaine ;
Et Fréret descendu sur la route des temps,
Sapa l'antique erreur jusqu'en ses fondemens ;
Mais armant la raison des traits du ridicule,
Toi seul as renversé sous tes flèches d'Hercule
La superstition, qui, du pied des autels,
Instruit l'homme à ramper devant des dieux mortels.
Tu n'as pas combattu le dogme salutaire
Que Socrate expirant annonçait à la terre ;
Et, laissant les docteurs librement pratiquer
L'art de ne rien comprendre et de tout expliquer,
Sans crier, *Tout est bien*, lorsque le mal abonde,
Sans trop examiner si les troubles du monde
Sont les vrais élémens de l'ordre universel,
Tu reconnus ce Dieu, géomètre éternel,
Aperçu par Newton dans la nature entière,
Pur esprit dont les lois font marcher la matière,
Mais que, d'un télescope armant ses faibles yeux,
Lalande après Newton n'a pas vu dans les cieux.

   Échappés cependant à l'empire des prêtres,
Des élèves nombreux, dirigés par des maîtres,

Animés de la voix, du geste et du regard,
De la philosophie arboraient l'étendard.
Les talens imploraient son appui nécessaire :
Elle aida Marmontel à peindre Bélisaire ;
Elle ouvrit ses trésors au jeune Helvétius,
Qui lui sacrifia les trésors de Plutus ;
Elle aima de Raynal la fière indépendance ;
Saint-Lambert la charma par sa noble élégance ;
La Harpe..... Je m'arrête, il osa la trahir ;
Chamfort la défendit jusqu'au dernier soupir ;
Thomas fut son organe en louant Marc-Aurèle,
Et Condorcet périt en écrivant pour elle.
  Puissance reconnue, elle obtint à la fois
L'amour des nations et le respect des rois.
Le fils et non l'égal des généreux Gustaves
L'invoquait sans pudeur en faisant des esclaves ;
Aux bords de la Néva, deux reines tour à tour
La révéraient de loin sans l'admettre à la cour ;
Joseph lui confiait les droits du diadème ;
Lambertini l'aimait ; Clément le quatorzième
La laissait quelquefois toucher à l'encensoir ;
En plein conseil d'état Turgot la fit asseoir,
Au sein des parlemens qu'étonnait sa présence,
De Servan, de Monclar elle arma l'éloquence ;
Et, chez les fiers Bretons, elle dicta l'écrit
Que traça dans les fers La Chalotais proscrit ;

Elle unit le savoir à des mœurs élégantes,
Inspira dans Paris à cent femmes charmantes
Le goût de la lecture et des doux entretiens ;
De la société resserra les liens ;
Des rangs moins aperçus rapprocha la distance ;
Des pédans à rabat trompant la vigilance,
Sur les bancs du collége elle osa se placer,
Et dans le couvent même on apprit à penser.

 Méprisant des rhéteurs le stérile étalage,
Tu connus l'art de vivre, et tu vécus en sage.
Les siècles rediront aux siècles attendris
Cent traits plus beaux encor que tes plus beaux écrits.
Lorsque Beccaria blâmait l'excès des peines,
Et pour le genre humain voulait des lois humaines,
Exerçant à regret une sévérité
Lente, équitable, utile à la société,
Ta voix fit retentir au sein de ta patrie
Des vœux dont la sagesse honorait l'Italie.
Ta voix rendit l'bonneur à l'ombre de Calas ;
Et Sirven, au supplice échappé dans tes bras,
Vit par un juste arrêt la hache menaçante
S'écarter à ta voix de sa tête innocente.

 Les riches, nous dit-on, sont rarement humains :
Mais jamais l'opulence, oisive dans tes mains,
Aux plaintes du malheur n'endurcit ton oreille :
C'était peu qu'adoptant la nièce de Corneille,

Ton génie acquittât la dette des Français,
Et recueillît la gloire en semant des bienfaits :
Chez toi les arts brillans guidaient les arts utiles;
Le travail, qui peut tout, couvrait d'épis fertiles
Des champs que de Calvin les enfans consternés
A la ronce indigente avaient abandonnés.
Sous le joug monastique asservi dès l'enfance,
L'habitant du Jura, traînant son existence,
N'osait se délivrer, ni même se bannir :
Ses bras, chargés de fers, tendus vers l'avenir,
Invoquaient sans espoir la liberté lointaine;
Tu vis son esclavage, il vit tomber sa chaîne;
Il avait en pleurant nommé ses oppresseurs ;
Mais c'est toi qu'il nommait en essuyant ses pleurs.

 Faut-il donc s'étonner si la France unanime,
Au déclin de tes ans, brigua l'honneur sublime
De léguer sur le marbre à la postérité
Les traits d'un écrivain cher à l'humanité ?
O généreux concours des amis de l'étude !
Non, ce n'est pas ainsi que l'humble servitude,
Offrant comme un tribut son hommage imposteur,
Consacre à la puissance un marbre adulateur.
Tairons-nous ce beau jour où Paris dans l'ivresse
D'un triomphe paisible honorait ta vieillesse?
Qu'on étale avec pompe aux yeux des conquérans
Des gardes, des vaincus, des étendards sanglans,

Le glaive humide encore et fumant de carnage,
Et le profane encens vendu par l'esclavage :
Ta garde était un peuple accouru sur tes pas ;
Il bénissait ton nom, te portait dans ses bras ;
Des pleurs de sa tendresse il ranimait ta vie ;
A vanter un grand homme il condamnait l'envie ;
Admirait les éclairs qui brillaient dans tes yeux ;
Contemplait de ton front les sillons radieux,
Creusés par soixante ans de travaux et de gloire,
Et qui d'un siècle entier semblaient tracer l'histoire.

Ces temps-là ne sont plus : les nôtres sont moins beaux ;
Les Français sont tombés sous des Velches nouveaux.
Malheur aux partisans d'un âge téméraire,
Trop long-temps égarés sur les pas de Voltaire !
Nous conservons le droit de penser en secret ;
Mais la sottise prêche et la raison se tait ;
Aux accens prolongés de l'airain monotone,
S'éveillant en sursaut, la pesante Sorbonne
Redemande ses bancs, à l'ennui consacrés,
Et les argumens faux de ses docteurs fourrés.
Ainsi qu'un écolier honteux devant son maître,
La Harpe aux sombres bords t'aura conté peut-être
Des préjugés bannis le burlesque retour,
Et comment il advint que lui-même un beau jour
De convertir le monde eut la sainte manie :
Tu lui pardonneras, il a fait Mélanie.

Mais qu'a fait ce pédant qui broche au nom du ciel
Son feuilleton noirci d'imposture et de fiel?
Qu'ont fait ces nains lettrés qui, sans littérature,
Au-dessous du néant soutiennent le Mercure?
Oh! si, dans le fracas des sottises du temps,
Tu pouvais reparaître au milieu des vivans,
Les mains de traits vengeurs et de lauriers armées,
Comme on verrait bientôt ce peuple de Pigmées
Dans son bourbier natal replongé tout entier,
Avec Martin Fréron, Nonote et Sabatier!
 Tu livras les méchans au fouet de la satire.
Et qu'importe en effet qu'un rimeur en délire
Publie incognito quelque innocent écrit?
Qu'Armande et Philaminte en leurs bureaux d'esprit
Vantent nos Trissotins parés de fleurs postiches?
A quoi bon faire encor la guerre aux hémistiches?
Il faut la déclarer au vil adulateur
Qui répand dans les cours son venin délateur;
Au Zoïle impudent que blesse un vrai mérite;
A l'esclave oppresseur, à l'infâme hypocrite;
Sans cesse il faut armer contre leur souvenir
Un inflexible vers que lira l'avenir.
 Voilà donc le parti qui veut par des outrages
A la publique estime arracher tes ouvrages?
Qui prétend sans appel condamner à l'oubli
Un siècle où la raison vit son règne établi!

Vain espoir !. tout s'éteint; les conquérans périssent ;
Sur le front des héros les lauriers se flétrissent ;
Des antiques cités les débris sont épars ;
Sur des remparts détruits s'élèvent des remparts ;
L'un par l'autre abattus les empires s'écroulent ;
Les peuples entraînés, tels que des flots qui roulent,
Disparaissent du monde ; et les peuples nouveaux
Iront presser les rangs dans l'ombre des tombeaux.
Mais la pensée humaine est l'âme tout entiere ;
La mort ne détruit point ce qui n'est point matière ;
Le pouvoir absolu s'efforcerait en vain
D'anéantir l'écrit né d'un souffle divin.
Du front de Jupiter c'est Minerve élancée.
Survivant au pouvoir, l'immortelle pensée,
Reine de tous les lieux et de tous les instans,
Traverse l'avenir sur les ailes du temps.
Brisant des potentats la couronne éphémère,
Trois mille ans ont passé sur la cendre d'Homère,
Et depuis trois mille ans Homère respecté
Est jeune encor de gloire et d'immortalité :
Nos Verrès, que du peuple enrichit l'indigence,
Entendent Cicéron provoquer leur sentence ;
Tacite en traits de flamme accuse nos Séjans,
Et son nom prononcé fait pâlir les tyrans.
Lucien des imposteurs restera l'épouvante.
Tu servis la raison, la raison triomphante

D'une ligue envieuse étouffera les cris,
Et dans les cœurs bien nés gravera tes écrits.
Lus, admirés sans cesse, et toujours plus célèbres,
Du sombre fanatisme écartant les ténèbres,
Ils luiront d'âge en âge à la postérité :
Comme on voit ces fanaux dont l'heureuse clarté,
Dominant sur les mers durant les nuits d'orage,
Aux yeux des voyageurs fait briller le rivage,
Et signalant de loin les bancs et les rochers,
Dirige au sein du port les habiles nochers.

LES
COTERIES,
SATIRE.

Nul n'ira son chemin, hors nous et nos amis (1).
Loin d'ici, téméraire ! en vain tu t'es promis
D'illustrer un talent dont l'audace effrénée
Aux pieds de nos patrons ne s'est point prosternée.
Ton rebelle génie aura donc méconnu
Les Mécènes puissans qui l'auraient soutenu,

Et d'un pas libre et fier, dès son apprentissage,
Parmi nos affidés s'ouvrirait un passage!
D'une adroite cabale abjurant le métier,
Il pourrait de la gloire aborder le sentier!
Contre ton intérêt ta vanité conspire.
De l'intrigue en faveur vante plutôt l'empire.
Que ta bouche une fois ait du moins exalté
Des grands hommes du temps l'altière nullité.
Le mérite, au surplus, n'est que la moindre affaire.
Le savoir doit fléchir devant le savoir-faire.
Sois docile au mot d'ordre où chacun s'est soumis,
Nul n'ira son chemin, hors nous et nos amis.
  Vois ce haut personnage à la mise opulente,
Ses dédaigneux sourcils, son allure insolente,
De ses trente laquais les bruyans embarras;
Vois ce nouveau venu qui, lui tendant les bras,
Par son abord subit et sa manière aisée,
Déconcerte aussitôt cette face empesée;
C'est Forlis, c'est Cliton. L'un, du bagne affranchi,
A force de bassesse à la fin enrichi,
En dépit des affronts qui flétrissent sa vie,
Devant son coffre-fort tient la foule asservie.
L'autre, vieux compagnon de ses hardis exploits,
Sur le pinacle aussi s'est assis autrefois;
Mais les événemens, dont le destin se joue,
Depuis l'ont de nouveau rejeté dans la boue,

Et l'on conçoit dès-lors que cet habit poudreux
Offusque les regards d'un drôle plus heureux.
Vainement toutefois on croit se méconnaître :
 « Viens à moi, dit Cliton. Dieu ! je me sens renaître !
« Mon étoile m'entraîne, et veut par ton appui
« Au but où j'aspirais me conduire aujourd'hui.
« Tu peux à tes marchés m'associer sans honte.
« Viens, je sais comme toi l'art d'embrouiller un compte.
« A la vertu rigide avec toi je réponds
« Qu'il faut être ici-bas ou dupes ou fripons.
« Rends sa fraîcheur première à ma mine affamée.
« Je ne possède rien, j'équiperai l'armée.
« Sans un denier vaillant, si je suis connaisseur,
« Un forçat libéré doit faire un fournisseur. »
 Qu'opposera Forlis ? sa colère ? Il me semble
Qu'il vaut mieux vivre en paix et moissonner ensemble.
Le champ est assez vaste; et d'ailleurs, au besoin,
Pour trouver un complice on n'ira pas bien loin.
Il suffit, et Forlis a donné sa parole.
Cliton va dès demain recommencer son rôle.
Ainsi de toutes parts le crime s'est ligué
Contre l'honneur intègre en son coin relégué;
Ainsi la confiance est partout envahie.
Eh, quoi ! naguère encor ma bonne foi trahie
De l'imposture en vogue accréditait le cours :
Jouet des charlatans et de leurs beaux discours,

Je les applaudissais le long de la carrière ;
Mais, lorsque j'ai voulu regarder en arrière,
Ce prestige éclatant, qui flattait ma raison,
N'était plus qu'artifice, intrigue, trahison,
Et ces héros si purs, que leur droiture engage,
Avaient changé vingt fois de masque et de langage.
C'est Forlis, c'est Cliton ! Et n'imaginez pas
Que mes sombres pinceaux soient descendus trop bas.
Coignard eût pu sans doute, au sein de la fortune (2),
Jouir effrontément de l'estime commune :
Le faux comte, échappé des travaux de Toulon,
Affichait l'importance et les airs de salon ;
Sa voix de nos guerriers dirigeait la bannière ;
L'étoile du courage ornait sa boutonnière.
Ah ! sur le piédestal des idoles du jour,
Que de saints de sa trempe ont régné tour à tour !
Combien, dont l'arrogance est si haut parvenue,
N'oseraient se montrer, l'épaule toute nue !
   Mais leur vice opulent, sous la pourpre caché,
Maîtrise le vulgaire à son char attaché.
Le monde les accueille avec cérémonie,
Ils vont se prélasser en bonne compagnie.
Dès que l'argent abonde, il n'est point de bandit
Qui n'ait son patronage et ne soit en crédit.
L'argent des dignités est la source féconde.
Au fond de la province exerçant sa faconde,

Un avocat superbe, au sublime maintien,
Plaidait la curatelle et le mur mitoyen,
Lorsque de ses cliens une erreur opportune
A tout à coup lâché cet aigle à la tribune,
En assurant d'avance à ses futurs succès
Et le rameau civique et de nouveaux procès.
Tout chaud et tout bouillant, le coche nous l'amène.
Le seul bien de l'état l'inspire, et le promène
De bureaux en bureaux, de commis en commis,
Jusque chez l'excellence, où le couvert est mis;
Où le Grave et l'Aï reposent à la glace;
Où près de monseigneur on a gardé sa place.
Monseigneur lui sourit!.... Notre homme, à cet aspect,
Ne se possède plus de joie et de respect.
Sa friande éloquence, aux truffes dévouée,
Du reste, en plein sénat, est bientôt bafouée,
Mais sa bourse a reçu, comme une indemnité,
Une assez belle part du fonds qu'il a voté;
Mais il doit revenir en brillant équipage;
Son fils sera préfet, son neveu sera page;
Le cousin, la cousine auront tous un emploi;
Lui-même il représente un procureur du roi.
Du télégraphe altier le mobile grimoire
Au sommet de Montmartre en proclame la gloire.
Hors d'haleine au pays devançant son renom,
Le robin sert déjà de héraut à son nom.

Sa faveur, à tout prix, veut s'y voir courtisée ;
On sonne, on illumine, on tire la fusée ;
On le porte en triomphe, et le peuple ravi
Chôme un si beau talent qui l'a si bien servi.
 Et puis, venez vous plaindre; osez donc vous permettre
D'attaquer nos ventrus aux genoux de leur maître !
Le maître et les valets d'un pareil attentat
Vont, aux yeux de Thémis, faire un crime d'état.
Un bâtard de Dandin, ferré de sa logique,
Est prêt à foudroyer ce courage anarchique.
On dit que la Justice, avilie autrefois,
Tenait mal sa balance et nous fesait faux poids :
Les juges au palais s'assemblaient pour la forme ;
Les Jeffrys y gagnaient un traitement énorme ;
La hache ensanglantait la Grève, et cependant
Monsieur le conseiller devenait président ;
Monsieur le président, à la cour souveraine
Remplissait un fauteuil de sa morgue hautaine.
Ces temps sont loin de nous : encore faudrait-il
Que ce pauvre Billot fut un peu moins subtil (3) ;
Qu'à propos d'une rime imprudemment émise,
Il ne crût pas sitôt la France compromise ;
Que si, l'âme contrite et le cœur déchiré,
Je m'avisais enfin d'écrire *à mon Curé*,
Il ne corrigeât point mon style épistolaire
Par six mois de prison, de pain sec et d'eau claire.

Hélas ! ce cher curé n'en est pas plus fervent :
Le saint homme est toujours vaurien comme devant ;
Je le surprends toujours distrait à la prière,
Et lorgnant en dessous Lison sa chambrière ;
Le teint frais et gaillard, l'abdomen rebondi,
Il trouve l'andouillette exquise un vendredi.
Ma foi, sauve qui peut ! Et quand, parmi le nombre,
Mainte brebis s'échappe et s'égare dans l'ombre,
Quand maint esprit pervers fraie avec Belzébut,
Nombre d'honnêtes gens marchent droit au salut.

Ma muse, assure-t-on, plus discrète et plus sage,
N'eût jamais de Billot vu le triste visage,
Si notre ton moqueur s'était du moins borné
A railler au lutrin le chantre bourgeonné ;
A peindre, sous la treille, et voire à la guinguette,
Entre les pots cassés, la tonsure en goguette.
O crime irrémissible ! Oui, j'ai pu sans détour
D'Ignace et d'Escobar signaler le retour.
J'ai dit les noirs complots, les trames infernales,
Dont l'hypocrite engeance a souillé nos annales ;
Sa doucereuse astuce et ses lâches desseins ;
Sa rage frénétique et ses coups assassins ;
Cette soif des grandeurs, cette jalouse envie,
Toujours plus dévorante et jamais assouvie ;
Le parjure odieux consacrant sur l'autel
L'hostie empoisonnée et le fer des Châtel ;

L'enfance corrompue, aux satyres en proie,
Et leurs affreux plaisirs, et leur brutale joie.
Ah! malgré les fureurs d'Ignace et son parti,
L'eau claire et le pain sec ne m'ont point converti.
Pour les pousser à bout et siffler de plus belle,
Mes poumons ont acquis une vigueur nouvelle.
Au faîte du pouvoir, où vise leur drapeau,
J'irai du sceau vengeur marquer ce vil troupeau.
Que, pareil au reptile à la crête perfide,
Qui, laissant au marais sa dépouille livide,
Une fois dégagé de ce limon impur,
S'élance, étincelant d'émeraude et d'azur,
L'abbé Monopolis, dont la parole obscure
Végétait sous le froc et rampait sous la bure,
La mitre sur le front et la crosse à la main,
Se redresse, orgueilleux de son faste romain;
J'aurai beau voir la foule adorer en extase
De ces frêles hochets la vaniteuse emphase,
Je n'en saurai pas moins dévoiler à mon gré
Le tartufe à la mode et l'histrion sacré.
Eh, quels ménagemens faut-il que je m'impose?
Il est puissant! D'accord. Ma franchise m'expose
Aux barbares accès de son ressentiment?
Hé bien donc! que sa fourbe éclate impunément.
Ouvrez donc la barrière à son essor rapide,
Des fils de Loyola c'est le plus intrépide.

Il a le corps agile et jarret dispos.
Pensez-vous le réduire à prendre du repos?
Non, sa fougueuse ardeur, aux brigues aguerrie,
Dispute une ambassade, accroche la pairie,
Guette le porte-feuille, et, prompte à s'en saisir,
Va chasser du conseil ou Decaze ou Saint-Cyr.
L'ombre du cardinal, vainqueur de la Rochelle,
Le reveille en sursaut, l'assiége, le harcèle,
Et ne laissera plus dormir l'homme de Dieu,
Qu'il n'ait, devant Cadix, effacé Richelieu.
Et le prélat s'enflamme, et son humeur guerrière
Veut courir des combats la lice meurtrière ;
S'apprête à batailler et par vaux et par monts ;
Fait des plans de campagne en guise de sermons.
Est-ce tout? Il prétend, ce prêcheur empirique,
Joindre aux lauriers de Mars la palme académique,
Et de nos immortels enchaînant l'Apollon,
Dominer le Parnasse et le sacré vallon.
Enfin? Le sycophante, on ne sait à quel titre,
Doit en tout et pour tout être le seul arbitre,
Aspire à tout atteindre, à tout assujettir ;
Ses dix ongles crochus se font partout sentir.
Je m'explique d'ailleurs l'éclat qui l'environne :
Il nous est arrivé des bords de la Garonne.
Où ne parviendra-t-il? Jésuites et Gascons! (4)
Pour cette graine-là tous les terroirs sont bons.

C'en est trop : ces tableaux ont fatigué ma vue.
D'un plus joyeux théâtre essayons la revue.
Viens, valeureux jeune homme; et donnons un moment
Relâche à tant d'opprobre et d'avilissement.
Vois de ce souterrain l'obscurité profonde :
Allons rire aux enfers des misères du monde.
Les enfers ont encor le don de m'égayer.
Tu recules ? suis-moi, suis-moi sans t'effrayer.
Prends ce bout de mouchoir, et va tête baissée.
A tâtons, doucement; suis la route tracée :
Le pavot somnifère y naît près des chardons.
Détourne ce pilier. Avance. Descendons.
Descends, descends encore, on ne peut trop descendre.
D'une reine ostrogothe on foule ici la cendre.
Descends toujours. On touche, étendus en ce coin,
Le moine Cucupiètre et l'empereur Baudoin !
Descends, descends, te dis-je. Au fond de cette allée,
S'élève de Turpin l'antique mausolée !
Descends, et je te mène au noir appartement,
Où Satan et ses pairs tiennent leur parlement !
Tu frémis ? il est temps de te tirer de peine :
Un mot va dissiper une frayeur si vaine;
Tes esprits inquiets redemandent le jour,
Des Bons-Hommes lettrés reconnais le séjour ! (5)
 Les lugubres échos de ces voûtes funèbres,
S'émeuvent aux accens de l'oiseau des ténèbres.

Quand ses cris à la terre ont annoncé la nuit,
La benoîte assemblée afflue en son réduit.
De l'Esprit-Saint, jadis aux Apôtres fidèle,
Par un *Veni sancte* réclamant la tutelle,
Chaque petit docteur, sur un trépied doré,
Recueilli dans lui-même, attend d'être inspiré.
Mais, au lieu du rayon dont l'heureuse influence
Des douze circoncis dissipa l'ignorance,
Ce n'est qu'un feu follet venu des mêmes lieux
Où Babel machina ses plans audacieux,
Et dont Dieu confondit la cohorte rebelle
Qui croyait assiéger sa demeure éternelle.
Un vertige inouï s'empare par degrés
De ces crânes épais, déjà si mal timbrés.
Le souffle radoteur vole de nuque en nuque,
De toupet en toupet, de perruque en perruque.
Leur cerveau réchauffé darde par tous les sens
Des sillons de phosphore, au hasard jaillissans.
Une odeur de brûlé se répand à la ronde.
On s'entrevoit enfin, la clarté surabonde,
Et sur leur boîte osseuse appelle l'éteignoir.
Ainsi, dans mon collége, au détour d'un dortoir,
Amusant de bambins une troupe indocile,
Ma main creusait ce fruit que Garo l'imbécile
Aurait mis sur le chêne à la place du gland;
Alors, pour éprouver le redouté Cinglant,

D'un spectre caverneux je façonnais l'image,
Et de ses traits grossiers éclairant l'assemblage
A l'aide d'un foyer en son sein allumé,
J'excitais les terreurs du pédant alarmé.
Lacretelle et Briffaut, citrouilles érudites,
Tenant de Frayssinous les œuvres inédites,
En adjugent le prix au taciturne auteur
Que la chute d'*Oreste* a rendu si boudeur.
Jeannin, ivre d'orgueil, sous sa mine sournoise,
Bêle un remercîment en prose champenoise;
Son discours moutonnier vient d'ouvrir le champ clos;
Et soudain, déclamant leurs vers à peine éclos,
Mille rivaux jaloux font assaut de génie.
Courageux détracteur du siècle qu'il renie,
Bonald avec Bellard est d'accord sur ce point,
Que le corps social va périr d'embonpoint;
La Mennais des Chrétiens plaignant l'indifférence,
D'un bel auto-da-fé caresse l'espérance;
Auger l'annotateur applique à Lourdoüeix
L'éloge de Nonotte et d'Abraham Chaumeix;
Roger comme un roman veut écrire l'histoire,
Et soutient que Clio doit nous en faire accroire;
Creuzé, barde naïf du bon temps des Dunois,
Ne rêve que blason, destriers et tournois,
Chante les *Amadis*, les *Roland* et leurs belles,
Les géans pourfendus, les nains sur les tourelles,

La Durandal fameuse et la lance d'Argail;
Marcellus, plus benin, exhale une ode *à l'Ail!* (6)
Dès l'ouverture, hélas! la bonne académie
S'était à leurs accords bonnement endormie,
Lorsque l'oiseau fatal qu'elle avait remplacé
Rentre au sombre manoir, par l'aurore chassé,
Et de sa voix plaintive éveille l'auditoire.
Les Bons-Hommes alors sortent du consistoire;
Se bénissent l'un l'autre, et, contraints d'y voir clair,
Déplorent le tourment d'aller vivre en plein air.
  Et je me sauve aussi de l'absurde repaire.
Jeune homme, excuse-moi: j'ai voulu te distraire,
Et n'ai fait qu'ajouter à ta satiété.
Le club hétéroclite a proscrit la gaîté.
Ce n'est point ce qu'en dit la bavarde déesse,
Coureuse infatigable et qui nous ment sans cesse,
Qui proclame, à travers son cornet à bouquin,
Avec le même zèle et Voltaire et Pasquin;
Et dont les plats journaux préconisaient, la veille,
Du grotesque sabbat la piteuse merveille.
Ces journaux complaisans n'en vanteront pas moins
La scène dont mes yeux viennent d'être témoins.
Ils vivent d'impudence; au gré de qui les paie,
Leur louange éphémère ou s'attriste ou s'égaie;
Tantôt elle est coûteuse, et tantôt au rabais.
Damis tient pour la guerre, Ariste pour la paix;

Et des deux gazetiers les plumes un peu vives
S'adressent, le matin, un torrent d'invectives ;
Ils sont, à les entendre, à jamais ennemis ;
Le soir, Ariste soupe et trinque avec Damis.
Et voilà les grimauds, oracles de la France !
Un cuistre à tant la page est presque une puissance.
Le Crésus de la ville, auteur d'un bout-rimé,
Tant qu'il a table ouverte est par lui renommé ;
On vend à d'Arlincourt un encens idolâtre ;
Tandis qu'en un grenier, d'un nouveau Malfilâtre
Le chef-d'œuvre inconnu languit dans l'abandon,
Pour avoir marchandé l'honneur du feuilleton.
Les fermiers-généraux de la littérature
Veulent au ratelier recevoir leur pâture.
Je n'en excepte point ce flatteur suranné,
Qui s'est de maître en maître indignement traîné ;
Qui d'un chaud démocrate a l'humeur tracassière,
Après que je l'ai vu, le front dans la poussière,
Abruti sous le joug qu'il reçut en tremblant,
D'un despote oppresseur lécher le fer sanglant.
Satrape subalterne, il accablait d'outrages
Les badauds dont il vient mendier les suffrages.
Du despote tombé premier accusateur,
Il était à l'enchère au premier acheteur ;
Mais le pouvoir avare a refermé sa bourse.
Nos badauds sont enfin sa dernière ressource.

Son dépit patriote, autrefois si vénal,
Dispense, à ses profits, les grâces d'un journal,
Où, de sa coterie appuyant le système,
Il peut, à nos dépens, se célébrer lui-même.
   De ses consorts, au reste, en cette occasion,
Je devrais démasquer la sourde ambition;
Je devrais au poteau clouer l'ignominie
De ces fiers libéraux, fauteurs de tyrannie;
De ces gothiques preux, de ces vieux paladins,
Monarchiques outrés, naguère jacobins;
De ces vils apostats qui, selon la rencontre,
Avec le même feu déclament pour ou contre;
Mais la course est trop longue, et je veux en finir.
Mon Pégase essoufflé ne saurait y tenir.
Je m'arrête. Aussi bien, sur pareille matière,
Qui jamais a rempli sa tâche tout entière?
Qui jamais souleva tous ses sales manteaux?
Partout la jonglerie étale ses tréteaux.
A la ville, à la cour, au théâtre, à l'église,
A la bourse, au Forum, il n'est qu'une devise,
Qu'un cri de ralliment, dans tous les rangs transmis :
Nul n'ira son chemin, hors nous et nos amis.

NOTES.

(1) Nul n'aura de l'esprit, hors nous et nos amis.
MOLIÈRE.

(2) Ce Coignard, après s'être échappé des galères, avait pris le nom du comte de Sainte-Hélène; et obtenu, en cette qualité, un grade supérieur dans nos troupes.

(3) M. Billot, aujourd'hui procureur-général devant la cour royale de la Corse, occupait le banc du ministère public, à la police correctionnelle, en qualité de substitut, lorsque je fus condamné pour le fait d'une petite épître *à mon Curé*, laquelle outrageait, disait-on, la religion de l'État et les pères de la foi, les frères ignorantins et les bonnes mœurs.

(4) Je demande humblement pardon à MM. les Gascons de les avoir mis un moment à côté des Jésuites. Ceci n'est évidemment qu'une plaisanterie.

(5) Cette confrérie des Bons-Hommes n'est pas même l'académie française, quoiqu'elle fasse à peu près autant de bruit; c'est le rendez-vous de tout ce qu'il y a de plus absurde, en fait d'arts, de sciences et de littérature.

(6) M. le comte de Marcellus, pair de France, a fait, outre son ode à l'*Ail*, la paraphrase de plusieurs psaumes de David. M. le baron Creuzé de Lesser, préfet de mon département, par parenthèse, a rimé un poëme de *Roland*, un poëme d'*Amadis*, un poëme des *Chevaliers de la Table ronde*, en tout 40 à 50,000 vers, où il ne manque, on l'a déjà dit, que la poésie. M. le chevalier de Roger, qui est boiteux et secrétaire-général des postes, a naguère soutenu, à la face des Quarante, *que l'histoire doit être partiale*.

Le sieur Auger, académicien et brocheur de notices, a long-temps exercé avec le sieur Lourdoüeix, chef de division au ministère de l'intérieur, les délicates fonctions de censeur littéraire. M. Briffaut, rédacteur de la *Gazette*, et académicien tout frais-moulu, a vu siffler sa muse tragique aussi cruellement que celle de M. Mély-Jeannin, auteur des *Lettres champenoises*, et rédacteur de *la Quotidienne*. L'abbé La Mennais, brûlot ultramontain, en écrivant sur l'indifférence en matière de religion, a décidé Sa Grandeur le Garde-des-Sceaux à traiter le même sujet en matière d'amour. MM. Bonald et Bellard sont connus de reste : ce dernier a avancé quelque part que *les sociétés périssaient par excès de civilisation, de même que le corps humain par excès d'embonpoint*.

M. Lacretelle appartient à l'académie française, ainsi que MM. Roger et Frayssinous, le premier a écrit l'histoire comme l'entend le second, et le troisième a ses ouvrages en *portefeuille*.

FIN.

www.ingramcontent.com/pod-product-compliance
Lightning Source LLC
Chambersburg PA
CBHW060645050426
42451CB00010B/1217